DIBUJAR

ESPACIOS

David Xifré

Como el primero

europa ediciones

© 2026 **Europa Ediciones** | Madrid

www.grupoeditorialeuropa.es

ISBN 9791256961535

I edición: febrero del 2026

Distribuidor para las librerías: **CAL Málaga S.L.**

Impreso para Italia por *Rotomail Italia S.p.A. - Vignate (MI)*

Stampato in Italia presso *Rotomail Italia S.p.A. - Vignate (MI)*

Como el primero

Índice

Prólogo

Como el primero representa un *melting pot* de pensamientos y reflexiones del autor, un diario de a bordo que lo acompaña en el paso de los días. El estilo es simple, breve, a veces irreverente, encierra el momento, inmortaliza el presente a pesar de la lógica y del contenido; cada entrada está abierta, escrita a modo de respuesta y, en cierta forma, esperando una respuesta.

La extemporaneidad es la matriz sobre la que se desarrolla esta colección de escritos que parecen casi buscar un diálogo con el lector, una provocación, querer una conexión, aunque sea sólo por un momento. No falta, sin embargo, el aspecto más íntimo que surge del recuerdo de la infancia y de las figuras familiares queridas.

Rachele D'Alelio

¿De qué llora el viejo?

Llora de esperar
a ser capaz de juntar a su familia de nuevo,
de esperar
a que sea otro el que le haga sentir eso,
de hacerle sentir pequeño y resguardado,
a salvo y en casa,
de que traiga fe desde la estufa
o desde el parking de caravanas,
algo de lo que se esconde
bajo las rocas milenarias
en las que yo saltaba,

porque, llegado un momento,
todos vamos a querer volver
y no vamos a poder
solos.

Ése es el nudo
que saca las lágrimas.

La vida que se ha colado por todos lados...
y se ha llevado.

Cuántos escritores…

Estoy desesperado

¿Por qué?

Porque ya no me queda nada por lo que retrasarlo,
en lo que perder el tiempo,

y, aún así, sigo
sin atreverme a hacerlo.

Y lo peor de todo es que tengo claro la razón.
Porque no puede haber otra
que la decepción
de no sentirme lo suficientemente
bueno.

Éste es el primer golpe contra la originalidad.

¡Qué fracaso!

Toda una puta fila llena de
libros
y ni uno sólo que lo abras,
empieces a leer
y digas -

¡Eso!

Siempre que me pasa eso, siempre
acabo dando con un colega
que me dice –

Te falta calle,
no sabes dónde buscar.

Es una chorrada

Eso de... no importa lo que dices
sino
cómo lo dices.

Cómo lo dices
es lo que dices.

Sería como decir:
No importa cómo eres
sino quién eres.

¿Quién llega antes?

Los hay que corren;
yo escribo.

Yo no corro, colega.

Es que si hiciese
las dos cosas,
te juro que ya
me la sudaba
todo.

Se toca el cielo

Hay una pintada en las paredes de mi barrio
que han hecho
unos chicos
que dice:

"El que quiera presumir que venga
por la noche a mi casa
y me lea
lo que ha escrito".

Tarta de arándanos

Es una huida hacia adelante.

¿Tanto te desilusiona pensar
que no hubiese nada
al final?

La entrada a carpa

Hay un chaval,
pelo engominao hacia atrás,
pantalones sucios
y ciego
de todos los flashes que le tiran...

Enseña los dientes y brilla.

¡Joder,
tantos animales soñando con pisar estrellas en el suelo
y ni un sitio
donde abrevar!

Nietzsche está muerto

Con la de gilipolleces que decía...

Descanse en paz.

No seré yo el que vaya a joderle
al loquero,
a decirle -

¡Una mierda!

Los ídolos continúan
intactos.

Hay una cabra en mi baño

Y yo estoy preocupado
por una entrevista de trabajo.

Pero,
hay una cabra en mi baño.

En la sección de bañadores

Es verano
y es una buena idea
darse un agua
a los cojones
antes
de tener sexo.

El náufrago

He visto en el parque un perro
persiguiendo
un gato.

El gato ha pegado semejante brinco
y se ha subido a un árbol,

se ha quedado agarrado al tronco
como un náufrago
a su bote salvavidas...

Yo he pensado...

Si los gatos hacen algo parecido a nosotros,
estará diciendo...

ya se irá.

¿Y tú, a quién crees?

En el levante,
unos dicen
que son sólo patrullas vecinales
y otros
que han empezado a celebrar
"Moros y cristianos"
como la secesión en el sur de EE.UU.

¿Y tú, a quién crees?

Cuando en este país,
hay, por un lado,
tanto partidista
y, por el otro,
tanto nostálgico de la historia.

Cuando quieras

Yo no tengo que esperar a la noche
ni a la mañana siguiente.

Lo bueno es que, si tengo música
a mano,
a poco que me espero,
puedo sacar tres o cuatro
en cualquier
momento.

Para mí está la hostia
de fácil.

Ahora lo que puedo intentar es
que me paguen por hacerlo.

Demasiado pensar

Tengo las camisetas llenas de pelotillas,
debería ir a comprar otras...

pienso en esto, mientras
recuerdo
lo que ella me decía –

¿Qué quieres que te diga?

Agobia la no correspondencia
y la correspondencia
también.

La nana

Si pienso en el futuro como
esa guerra,
primero diría que
no quiero luchar en ella,
luego me sentiría fatal
y luego
dispararía.

Pienso en mi encierro,
en que me gustaría que me encerrasen...
morir de inanición
en cualquier
cárcel.

Cada fin de semana

Teníamos un colega en *Pirámides*
que siempre
se estaba inventando
los nombres más extraños
de tipos que habían roto todos los
records,
hasta los más inimaginables.

Supongo que el chico necesitaba más que ninguno
que le dijesen
dónde apuntar,
supongo que necesitaba saber
que había otro que ya lo había
conseguido
y que, si él no podía,
al menos, podía de alguna forma
compartir el logro
anunciándolo a bombo y platillo,
hacerlo un poco suyo
y disfrutarlo.

Como el primero

Sí, se siente como el primero
que escribo,
y de ése
hace mucho.

Lo que te digan

Ludovico toca
y mi colega el programador, un genio,
me dice
que no está haciendo nada,
que está haciendo lo mismo
que se hace siempre.

Yo tengo que creérmelo
y le creo;
pero no me sirve para nada,
no me hace falta.

No se entiende, ni se entenderá

Tenía 12 años cuando me surgió
y me daba miedo
meterla.

Yo sólo recuerdo estar pateando
un globo
y tener un puesto de encurtidos
en la bañera.

Ahora, me parece tierno
lo que tardé
en espabilar;

No así la de tantas veces que luego jugué
a imitar
sin tan siquiera
apetecerme,

esa pregunta que mamá
nunca me vio y que
nunca me hizo –

¿Qué te da tanta vergüenza?

Las ilusiones frustradas

Siempre vienen a verme
las ilusiones que
no se me han cumplido,

se acercan y me chocan los 5.

Y eso
que a la mayoría no las he dejado asomarse
a leer lo que he escrito.

Verás cuando lo haga,
más de una se va a partir
el culo.

La melodía

Dulce hada ajada,
cuéntame cuánto
has viajado,
cuánto has sufrido...

De esta manera, puedes hacerlo
porque estás cubierta.

Nosotros te cubrimos
con nuestras palabras

y, más aún,
con nuestros pensamientos.

Cada día veo uno más

Vienen del barrio de la Salud,

allá arriba
se han dejado
la puerta abierta

y bajan Rambla Pulido
dando
alaridos.

Lianas en el sobaco de la pereza

Doña Angustias y Doña Remedios viven
en mi barrio.

Cada vez que me mudo de barrio,
parece que ellas se mudan
también conmigo.

En mi cabeza, las imagino como dos
personajes de guiñol,
la Davis y la Crawford.

Cuando hace bueno,
se sacan la silla al patio;
pero si no,
lo hacen igual
desde el balcón de casa:

Tildan a todo quisqui que pasa.

A mí, me parece ver la sombra del ahorcado
tras las cortinas.

Yo sonrío.
A mí, me la suda.

Yo me encuentro agustísimo caminando
entre un mar de ellos
sin ocuparme de ninguno
en particular.

Pequeño Ballard

Según vayas creciendo,

cambiarás moralina
por querer entender.

Te ahorro el psicólogo

La cura para cualquier manía
que hayas cogido
es hacer algo
de lo que estés orgulloso,

soltarte y no estar agarrado a eso otro.

Hacerlo incondicional y
sin que dependa.

Estate seguro de que, cuando te pongas
a ello,
cuando llegue,
lo otro se irá.

Tan simple como el Historial

Antes de volver a esconder
algo,

déjalo a simple vista, colega.

Simplemente, deja de hacerlo.

De uno a los que les quitaron el premio

Estoy leyendo *PAN*
y soy yo.

Me siento muy cerca y
leo.

El cazador
sin nada que comer
pero deslumbrado,
deslumbrado...

Es mi puta vida.

Un bobo feliz

"Prácticamente no quiero
hacer otra cosa"

Y de tanto en cuanto...

Cosas de casa

- ¿De cuánto vas a hacer el poemario?

    – De cien, ciento y pico.

- ¿Y cuántos llevas?

    – 30.

Pero llevo sólo tres días.

La mayoría son muy cortitos.

- Mejor, así no marea.

Un solo ejemplo

La mayoría de la gente con la que comparto
aula u oficina,
me dicen que aporreo las teclas –

¿Pero, qué te ha hecho ese teclado?, me dicen.

Dime un solo escritor que escriba
todos los días,
como un motor,
y que
las
acaricie.

Cuclilla

Tengo uno de él ahí
encima.

Los mejores son en los que
cuenta algo cotidiano,
me refiero a una anécdota...

son en los que más profundiza,
cuando se olvida de presumir.

Paradójicamente, es cuando más se le ve.

Creo que esto es algo aplicable
a todos nosotros.

Son nuestros mejores
también.

Es como el buceo.
A mayor inmersión,
menos control

y
más te sorprende la vida.

Saca la libreta y da la gracias por algo cada día

¡Dios bendiga los covers!

Abro YouTube y
me la paso de puta madre
escuchando a dos suecos
tocar el *If you tolerate this* de los Manic
en un bareto
a medio día.

Con el sol chorreando en los cristales,

ella además lleva en el muslo
una liga tatuada
que calienta aún más el bar
y el himno.

¿Qué es poesía?

Me cargan los poemas que empiezan
con "¿Qué es poesía?".

No es nada que no esté
en todas estas páginas,

y en los millones de páginas más...

no es nada
que se pueda decir de palabra.

Willy Fog

No puedo escribir.

    Pues, sal a caminar.

Ten, agua bendita

Le meto un sorbo y me lo acabo.

Mejor escribe sobre otra cosa.

Andamos muy inspirados

Pedaleo, pedaleo y
jadeo.

Ven.

Cógeme el pelo entre los dedos
y, más cerca, sóplame,

no quiero que me arranques nada
ni que te lo lleves;

sólo quiero sentir por un momento
que te tengo.

¿Qué tienes?

Tengo pelos en mis pies
y que no entre la pedantería
en lo que escribo.

Amarillo

Encontré un ladrillo
de Oz,
como salido
de una de las bolsas de cuando era pequeño.

En su reverso ponía,
en letra muy pequeñita:

Yo soy un fanático de los tres dedos
Uno para gozar,
un segundo para replicar
y el tercero el de rectificar

Agárrate los machos

Que por ahí viene la Stanwyck
pelucón y gafas oscuras,

sólo falta que le pongan
sus propias luces...

¿Qué hablas?

   Uno que se conoce a sus clásicos.

Decepción

Decepción,
decepción,
linda decepción,
ya no hago de tus penas
las mías.

Ahora tengo mis propios
poemas.

¿Cuáles son tus planes, artista?

Ir durmiendo e ir sacando.

No soñar con comida, no volver a robar nada
que no sea comida,

pues si tantos murieron pobres...

¿qué puedo esperar yo?,

¿qué puedo tomar yo por arrepentimiento?

La jefa de todo esto

No tengo una gran sensibilidad,
preciosa;

tengo una sensibilidad copiona
y que ella misma
se chiva,

muy fácilmente entusiasmada,
bravucona y con ganas de decir –

Te lo mejoro.

Y la otra parte a la que aludes...
¿el intelecto?

Pues, bueno,
para bien o para mal,
el mío tira de memoria
porque acude con un fragilísimo sentido del ridículo.

Si es que al ridículo
se le puede considerar un sentido,

que lo dudo
bastante;

no deja de ser una mera sensación.

El cine no

La literatura es un viaje inmersivo;
el cine no.

El cine es...
el cine es una máscara para
fantasear.

Yo soy un espectador de pelis.

Siempre lo he sido.

Un par de cristales

Mi colega tiene la casa llena de instrumentos.

Mi colega tiene timbales,
un bajo con agujeros
y una armónica...

Le digo que,
para mí,
es la que lo mantiene en movimiento,
la que lo mantiene
llegando, sabes.

Muchas veces lo acerca y
lo sirve en
bandeja.

Es por eso que yo creo que música
es lo último que yo escogería
estudiar.

No jodas a quien ya
te lo da hecho.

Un guiño

Cuando escribes,
escribes con ambigüedad,
como tapándolo
con una cortina.

No es una cortina;
es mi capa de superhéroe.

"Desconfía de la gente que no tiene una biblioteca en casa."

A mí, me lo puedes vender
como más te guste...
pero
una gran biblioteca
no deja de ser
otro fetiche

(la única que se salva de esto
es la pública).

Es como el sexo.

Cuando se hace,
deja de ser tan importante.

Musa

Musa, ¿te acuerdas
de mí?

He estado un poco distraído;

pero, ahora,

voy con todo.

No hay necesidad

Vamos a publicarte.
Pero porque tienes 5 o 6 fantásticos;
el resto tampoco valen.

No hay necesidad.
Yo soy uno de esos tipos
que han coleccionado rechazo.
Uno de esos críos rechazados e ignorados.

Pero, cuando eso cambie,
no quiero asomar
ni pizca de rencor
ni pizca de arrogancia.
No, yo quiero estar tan tranquilo,
como ahora,

que yo, con todo el rechazo,
me he hecho un lienzo
y, con el lienzo,
una sábana.

Es con lo que sueño
cada noche...

sin presumir;
hacerlo sólo
y recogerme pronto.

A base de puro talento

El talento sólo es
un soplido
que hace cosquillas.

¿No quieres ser actriz?

Me inclino a la calle del café López-Echeto.

Perpendicular a la Rambla.

Allí, hay una cuesta de la hostia
parecida
a la que le sube a
la Rowlands,
de noche
en taxi,
la chica con las uñas y las mejillas
manchadas.

Ponte el uniforme

Levanta la voz (mi colega)
en clase y
dice –

   Pero vamos a ver...
¿Es que todas las actividades tienen que ser
consumistas?

Yo me doy la vuelta y
le digo –

   ¿Qué pasa, colega?
¿Es que eres comunista?

Y él me mueve la mano
así, al tembleque,
mientras
me dice –

   10%.

Importante

Voy a avisar a un colega
que te va a flipar,

se pasa todo el día
hablando de películas.

Pero, ¿las ideas son suyas o
las ha leído en los libros?

Porque, si no,

¡Vaya coñazo!

Mi tía se inventa los nombres de los tenistas

Lo mejor es ir al salón a
preguntarle –

¿Quién juega?

Comelasaña y Dumbo.

Yo me la quedo mirando,
y ella me mira y
me dice:

Van empate.

Frente al ventanal

Me encanta tirarme en la cama
después de un día de calor,
con las corvas
y las axilas sudadas,
pasarme la mano
mientras escucho la música de cualquier
colgao
que me da la gasolina
para recorrer todas las carreteras
en mi cabeza.

¿Cómo no te voy a creer?

Si esto está hecho para mí
y para ti...

Corredor de fondo

¿Cómo nos haces sentir eso
a nosotros?

Que más importante
que aprender a pelear
es
saber
por qué se pelea.

Aura

Delon en esa peli no lleva arma;

pero sí parece... que llevara
un código muy
rígido.

Eso es el aura

"algo que respetar".

Y cada uno ha de empezar consigo mismo.

Sin tocarte

Moviéndote bajo el sol
y cada pensamiento
calienta el triple,

recargado como una dinamo,

quizás,
por esa sensación
de no sentirte
de rodillas.

Capítulo II

Un chaval que va a parar al reformatorio
porque ya estuvo en el centro de menores.

Y se alegra por su colega
porque no tiene antecedentes.

Pero, joder,
 ¿a quién se le ocurre?

Dejar el dinero metido en un canalón
en un país que llueve siempre.

Lo que está haciendo el cabroncete de Ballard

Lo que está haciendo el cabroncete de Ballard
en el libro que estoy leyendo
es decir

como yo no puedo tomar la decisión
de sentir,
que lo haga el cuerpo,
o mejor,
aquello que choca contra el cuerpo,
que lo deja sollozando...

Y, como la porno,
es una forma de engañar al cerebro,

una búsqueda perpetua de imágenes desérticas...

un folleto de vacaciones.

Un escupitajo en la cara

Se les pilla rápido.

Cuando al crítico le oigas decir
palabras como
obra maestra,
radiografía y
condición humana,

échate a bostezar...
porque no te va a dar nada,
porque no tiene nada que dar.

Es de los que tendrá su biblioteca
ordenadita y aséptica,

habrá que ir con guantes por allí...

de los que los saca y los vuelve a guardar.

Mejor, lárgate donde te den algo.

Yo he estado de fiesta con los creadores

Y créeme que la petulancia
se muerde su propia lengua
con los simples que se hacen
con la polla
un nudo.

Yo ahí

oír, ver y callar,
como decía mamá.

Los cuentos

Una cosa que me gustaba de Rohmer
es que casi podías *habitar*
esos momentos en los que no pasaba nada.

Muchos franceses han hecho esto después,
quedarse en esos momentos,
hay una película llamada *Fifí*
que a mí me encanta.

Era agradable poder estar en los de otros,
que se pareciesen tanto.

He estado con una chica que olvidaré a mediodía

He visto una película que quiero volver a ver
enseguida,

he encontrado una canción que habré escuchado
en bucle
dos semanas después.

Redes

Doña censura esgrime

y yo,
me guardo de que me digan
lo que tengo que pensar
tratando de
hacerme
sentir culpable.

La línea de meta

(Poema de Colin Smith)

Hay veces que sólo necesitas
entender
cómo ha muerto otro
para coger
valor.

Digo *valor*;
no rabia.

El valor se coge;
la rabia se hereda.

El valor está seguro del porqué
lo hace.

¿Esto?

Esto es una suerte de práctica...

y están hechos para ser leídos
sin orden.

Pregúntale qué es la honradez a Alan Sillitoe

La honradez
es dar lo tuyo sin esperar
rápido algo a cambio.

No hace falta patalear,
ni dar un puñetazo sobre la mesa.

Tan sólo mirar a los ojos.

Es la victoria de un adulto sobre
su joven airado.

La única forma en la que no puede haber
arrepentimiento.

No tiene por qué ser algo que cuadre ni compense.

¿Te has corrido ya, James?

En la sala de accidentes aéreos,
después de tantos años de insipidez con años
de flacidez,
estoy seguro de que
lo que consigue empalmar
al realizador
es darse de bruces ahí
con la mortalidad,
contemplarla
trastabillando por el pasillo,
en cada cicatriz,
cada abolladura,
que son como los vestigios en las
cavernas
en las que leerla
pasando los dedos,
que la vuelven a traer,
abierta al fin,

muriéndose por hacerlo.

Y siento que voy ganando

Voy hacia el trabajo.

Mientras, suena de fondo
Oh, Rhonda, you look so fine.

Hace un par de días, me corté el pelo
y el viento me da en la puta
cara.

Luego por la noche, escribiré.

La antropología

Usted hace las preguntas, joven...

¿Pero, porque quieres las respuestas
o bailar?

No se puede escribir con nervios

El escritor ya no tenía problemas de que
el dinero se iba a acabar,

así que iba a apostarlo a las carreras...

Si un escritor no nota la vida pasar,

¿sobre qué coño va a querer escribir?

Y habría que preguntarles

Creo que salvo
para un par
o tres talentos brutos,

todo el tiempo del mundo
se sentiría
como un castigo.

Sé que mantengo los pies en el suelo

Porque yo no oigo voces.

A mí, todo lo que me llega
tiene mi voz.

Mi voz no la oigo,
la escribo.

Hoy he empezado "El valle de los avasallados"

Leemos en la cama.
Y esa chica, Berenice,
Céline
o como se llame,

me cierra los ojos
para que yo pueda entrar
al castillo de
Kafka.

Nuestro reino empieza ahí arriba
donde moran
las cucarachas.

Con un tal, con un y tal...

Nuestra única posibilidad –
no para de decirme.

Con la pistola con la que mataban cerdos

Recuerdo que Haneke
solía ser implacable
con los padres
y con los hijos.

Siempre sonriéndonos
a los que estábamos mirando.

Esta caja está cerrada, gilipollas

Están bebiendo y trajinando
y no paran de llamarle
el Bizconde de Montecristo.

Hasta que se harta.
Y los manda a tomar por culo.

El bizco no es Bauer,
él tiene más de
24 horas
y la paciencia le explota mucho antes.

Me dicen de ir a una mesa redonda

Y para mí,

las opiniones lo menos masticadas posible.

El tema: Tennessee en Hollywood.

Uno empieza con el portento.

Otro se arranca
"Con la de polvo que tiene el celuloide...
es difícil no volverse
un nostálgico de época",

me gusta más.

Me toca -

Los diálogos son de teatro, pero suenan
cojonudos.

Madrileño

Yo tengo entregado el verano
a mis sueños,
a mis viajes a la playa
por el canal de la Mancha
(parada en los Abades y oler el detergente).

A lo que recoge Koreeda en *Still Walking*.

Asfalto caliente,
sensación de humedad de los primeros días,
pegajoso y salado,
el ruido de las chicharras
como un altavoz
desde los árboles
por la mañana
y el murmullo de los grillos
al descender la noche,

el desplome del calor.

Cara a la nevera

No me molesta que, cuanto te los lea,
tan a menudo me
los quieras cambiar...

Si no, sería muy aburrido.

Luego lo escribo

Me acabo de percatar de que
en esa serie de acción
lo que de verdad funciona
es que el teléfono está
constantemente sonando.

Manifiesto

El realismo me suda
tres cojones.

No nos estamos peleando
por un género.

Lo hacemos
porque es lo que nos sale
cuando estamos solos,
avanzando o parados,
porque sabíamos de sobra que
nosotros podíamos hacerlo.

Disfrutamos del arte
en soledad;
pero, en ningún momento,
se nos pasa por la cabeza
que debemos salvarlo.

Partimos con eso,
nos partimos en mil pedazos
sólo para volver a juntarlos.

Con ése

No me digas, chaval...
que, con tal de tener razón,
de no perderla
o, aunque sea
cederla,
aceptas la injusticia
con ése.

Entonces, se ha acabado.

Strasse park

Y si una oca me cuenta
una adivinanza
o un conductor
me hace la peineta,

yo mantengo rumbo.

Ahora voy a poder hacer
cualquier trabajito
y despacio,
sin engatusar.

He tirado toda mi vergüenza
en las vasijas gigantes.

Encontrándome tan a gusto
allí arriba vestido
como desnudo
aquí abajo.

Los auténticos

¿Te imaginas a Sade hastiado,
escribiendo hastiado
porque ya no escandaliza
a ninguno de
nosotros?

Recuerdos de conversaciones pasadas

¿Sigues pensando en darles unidad
o que queden así...

desperdigados?

Escribes como un tío, blanco y hetero

Es que soy un tío, blanco y hetero.

No puedes escribir como algo que no eres.
Porque, lo que eres,
de una forma u otra,
siempre
te acaba
encontrando.

¿Por qué no dejarle
hacerlo
desde el principio?

Correcalle

Hay una canción llamada *"Polly"*.

Y en ella se cuenta lo que está pasando.
Incluso, en una línea, se dice:
"una persecución sería agradable para unos cuantos"...
como si, en ese momento,
se hiciese consciente
de que podrían,
de que están
escuchando u
observando
desde fuera.

Unos cuantos... de los que están conmigo, se refiere.

Pero, en ningún momento,
hace referencia al porqué,
al qué se obtiene con todo esto...

esa parte está tapada.
Como si fuese demasiado dolorosa de decir.